Para Ferne.
Con tu energía sin fronteras y espíritu aventurero, veo el corazón salvaje y juguetón
de una exploradora. Como los animales de este libro, puedes trepar y saltar por la
vida con una alegría que se pega. Gracias a ti puedo empatizar perfectamente con
lo que siente la mamá gorila de la otra página.

Para Nelly, mi mamá querida.
Aún noto tu calidez y suavidad cuando pienso en ti, en cada decisión
y cada abrazo que le doy a Ferne.

Para Irma, mi abuela.
Ella encendió la chispa de mi amor por los libros y las historias.
A cada página que paso y cada historia que comparto pienso en ti.

Para Rita, mi suegra.
Gracias por cuidarnos a mí y a Ferne como lo haría mi madre.
Tu apoyo tiene más valor del que puedo expresar.

Título original: *Wild van mama*, por Jessie Jans
Primera edición en Bélgica y en los Países Bajos por Clavis Uitgeverij, Hasselt – Ámsterdam – Nueva York
© del texto y de las ilustraciones: 2024 Clavis Uitgeverij, Hasselt – Ámsterdam – Nueva York

Primera edición en español: febrero de 2026

© de la edición:
9 Grupo Editorial / Lectio Ediciones
C. Mallorca, 314, 1º 2ª B · 08037 Barcelona
Tel. 977 60 25 91 – 93 363 08 23
lectio@lectio.es · www.lectio.es

© de la traducción del inglés al español: Aina Olivé Busquets

Impresión: GPS Group

ISBN: 978-84-18735-87-5

DL T 778-2025

© Todos los derechos reservados

Jessie Jans

Mamás Salvajes

Lectio Ediciones

GESTACIÓN: **15 meses** 🐾 PESO: **70 kg** 🐾 LONGITUD: **2 m**

La jirafa adulta solo
duerme 30 minutos al día.
Pero nunca de un tirón.

Cría de jirafa debajo de su mamá.

Las jirafas adultas duermen de pie,
pero las jirafas bebé duermen en el suelo.
Utilizan los cachetes de su culo como cojín.

la jirafa

Cuando nace, ¡la jirafita cae
de dos metros! Esto es porque
mamá jirafa se pone de pie
cuando nace la cría.

De tal palo tal astilla...
Una cría de jirafa hereda el patrón de manchas
(la forma y los bordes redondeados)
de su madre. Gracias a las manchas,
las jirafas pueden camuflarse.

¡Las jirafas recién nacidas pueden
ponerse de pie al cabo de media hora!

Las madres jirafa cuidan de las
crías por turnos, como si fuera una
guardería. De este modo, cada mamá
tiene un momento para sí misma
y puede comer tranquilamente.

¿Cuánto mides si te
estiras totalmente?

Un poco torpe,
empiezo la nueva aventura.
Los primeros pasos son algo inseguros.

¿Podré conseguirlo?
¿Les gustaré? ¿Y si me caigo?
—Vamos —dice una voz cálida—.
Tú puedes, paso a paso.

GESTACIÓN: **8,5 meses** 🐾 PESO: **1,5 kg** 🐾 LONGITUD: **30 cm**

el gorila

Un gorila recién nacido no puede
agarrarse muy fuerte a su mamá.
Por eso, las madres gorila llevan
a los bebés en un brazo,
apretados contra el pecho.

Los gorilas usan una especie
de lenguaje infantil con sus crías.
Cuando las madres y sus bebés
"hablan", se tocan mucho.
De esta manera se aseguran
un óptimo entendimiento.

Las crías imitan a los gorilas adultos de su
grupo, aprendiendo lecciones importantes.
Y tienen muchas opciones, porque una
familia puede estar formada por hasta
30 gorilas. Es como un pueblecito.

Cría de gorila jugando.

¿Alguna vez has oído a tu mamá gritar:
"**La comida está en la mesaaa**"?
Una mamá gorila hace lo mismo, pero un poco diferente.
Murmura y canta para informar
a su cría de que es hora de comer.

Y hasta los gorilas bebé cantan y murmuran
para que su madre sepa que les encanta.

No hay nada más bonito que un abrazo,
¡y los gorilas también lo saben!
Durante el primer mes después de nacer,
los bebés y sus mamás se abrazan mucho.
La madre gorila no suelta a su cría.

Después de tres meses, los gorilitas bebé
están listos para subir a la espalda de sus
madres. Siguen viajando con ella hasta
los tres o cuatro años. Aun así, de vez en
cuando se atreven a mirar un poco más allá.
Pero se quedan cerca de mamá,
¡por supuesto!

*¿A veces te cuelgas boca abajo
como un mono y miras a tu alrededor?*

Cuento los días para poder salir y trepar
árboles. Buscar secretos, esconderme
detrás de la hoja más pequeña.
La hierba me hace cosquillas
en los pies, me hace reír.
Estoy cansado de tanto explorar.
Gateo hacia los brazos de mamá y
seguiré la gran aventura mañana.

GESTACIÓN: **6,5-8 meses** ❧ PESO: **300-450 gramos** ❧ LONGITUD: **20 cm**

el oso pardo europeo

Mamá osa enseña a los pequeños todo tipo de trucos para poder sobrevivir: qué pueden comer, cuál es el mejor lugar para pescar... y mucho más.

Desde que salen de la madriguera, los oseznos no paran quietos. Practican cómo escalar y juegan con todo lo que encuentran en la naturaleza, entre ellos y, por supuesto... ¡con mamá!

De media, una osa da a luz entre uno y tres cachorros cada vez, y los cría sola. Los oseznos están con sus madres durante unos dos años.

Las osas protegen a sus crías de todos. ¡Incluso del padre! El oso no sabe cuáles son sus crías y las ve como una amenaza.

Otro nombre para un oso bebé es **osezno**.

Los osos bebé nacen sin pelo y son tan pequeños que cabrían en tu mano. Ositos realmente diminutos, especialmente si los comparamos con un oso adulto, que puede llegar a pesar hasta 350 kg.

Los cachorros nacen en enero, en plena hibernación de la madre. Encuentran por sí solos el camino hasta el pezón para mamar. En la madriguera, la osa y sus bebés están calentitos y seguros. En primavera, cuando ya han crecido, salen juntos al exterior.

¿Cuántos besos puedes dar sin que alguien se ría?

Hoy todavía soy pequeño.
Pero ya lo sabes, mamá: quiero ser
tan grande como tú. Cuando estoy
feliz, quiero ser tan valiente como tú.
Cuando ame a alguien, quiero darle
tantos abrazos y besos como a ti.

Hacerse mayor no es fácil, aún me queda mucho por aprender y muchas cosas por descubrir. Mamá me enseña que basta con ser yo mismo. Puedo hacer cosas que me hacen brillar los ojos y puedo aprender de mis errores. Así es como, poco a poco, crezco para ser mi yo del futuro.

GESTACIÓN: **22 meses** · PESO: **100 kg** · LONGITUD: **1 m**

el elefante

Igual que tú cuando eras pequeñito, las crías de elefante reconocen a su mamá por el tacto, el olor y el sonido.

Durante los primeros días después de nacer, el elefante bebé se queda siempre pegado a su madre. Como la elefanta no puede ver a la cría que tiene debajo, emite un murmullo casi constante. Una especie de canción de cuna tranquilizadora.

Los elefantes bebé son criados por toda la manada, que está formada principalmente por hembras. Al mando está la matriarca, que normalmente es la elefanta de más edad. Las demás son sus hermanas, hijas, sobrinas y nietas.

Cría de elefante bajo su mamá.

Una elefanta siempre se queda con su madre. Un elefante macho se queda con su madre, y con la manada, hasta que es lo bastante mayor (unos 14 años).

¿Puedes bailar una canción de cuna con grandes pasos, como un elefante?

Los elefantitos bebé se meten la trompa en la boca, igual que hacen los bebés humanos con el pulgar o el chupete, para consolarse.

GESTACIÓN: **11-12 meses** ❧ PESO: **1.000 kg** ❧ LONGITUD: **3-5 m**

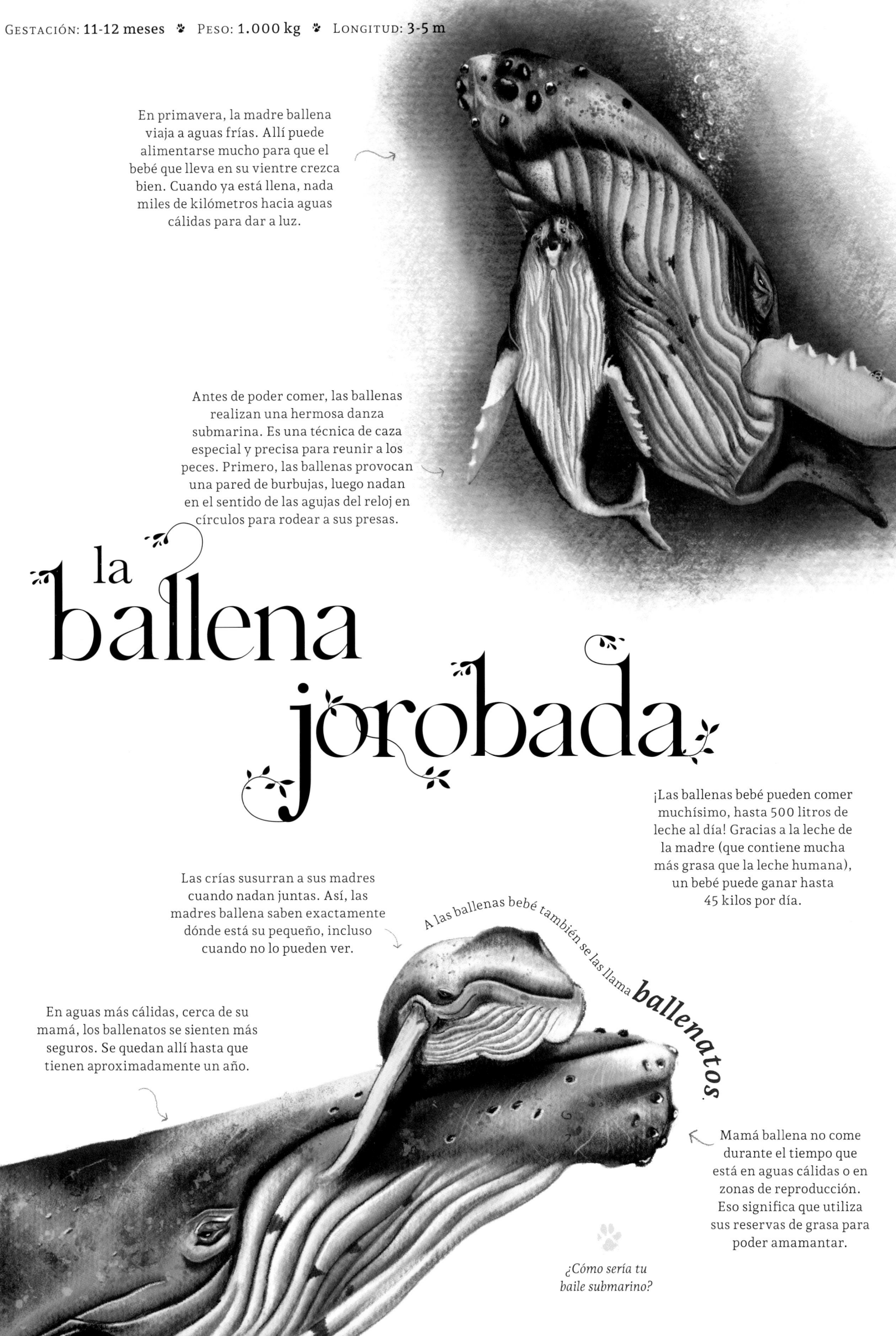

En primavera, la madre ballena viaja a aguas frías. Allí puede alimentarse mucho para que el bebé que lleva en su vientre crezca bien. Cuando ya está llena, nada miles de kilómetros hacia aguas cálidas para dar a luz.

Antes de poder comer, las ballenas realizan una hermosa danza submarina. Es una técnica de caza especial y precisa para reunir a los peces. Primero, las ballenas provocan una pared de burbujas, luego nadan en el sentido de las agujas del reloj en círculos para rodear a sus presas.

la ballena jorobada

¡Las ballenas bebé pueden comer muchísimo, hasta 500 litros de leche al día! Gracias a la leche de la madre (que contiene mucha más grasa que la leche humana), un bebé puede ganar hasta 45 kilos por día.

Las crías susurran a sus madres cuando nadan juntas. Así, las madres ballena saben exactamente dónde está su pequeño, incluso cuando no lo pueden ver.

A las ballenas bebé también se las llama **ballenatos**.

En aguas más cálidas, cerca de su mamá, los ballenatos se sienten más seguros. Se quedan allí hasta que tienen aproximadamente un año.

Mamá ballena no come durante el tiempo que está en aguas cálidas o en zonas de reproducción. Eso significa que utiliza sus reservas de grasa para poder amamantar.

¿Cómo sería tu baile submarino?

Las olas me llevan a un mar lleno de
lugares que ya conozco o que todavía puedo
descubrir. A veces es duro, y me hundo por
un momento. Y entonces estás tú, cerca,
dándome ese pequeño empujón extra,
esa dosis de confianza necesaria.

Me dices que puedo hacerlo y que debo creer
en mí. Igual que tú crees en mí.

GESTACIÓN: **14-18 días** ❧ PESO: **menos de un gramo**
❧ LONGITUD: **1 cm**

A las ranas bebé también se las llama *renacuajos*.

Los huevos de la rana venenosa de dardo deben estar muy húmedos. Por eso, mamá y papá, por turnos, se mojan la piel y se sientan sobre los huevos para mantener la humedad. A veces incluso orinan sobre ellos para conservarlos húmedos.

la rana venenosa de dardo

Al cabo de entre dos y cuatro semanas, los renacuajos salen del huevo y suben a la espalda de sus papás. Ellos los llevan a través del peligroso suelo de la jungla hasta una pequeña charca dentro de una planta (la bromelia).

Aunque la madre y el padre son venenosos, los huevos de la rana de dardo no lo son. Por eso constituyen un manjar delicioso para los depredadores y necesitan la protección de sus padres.

Cada renacuajo tiene su propia flor.

Mamá rana venenosa de dardo visita a cada renacuajo todos los días para llevarle comida. Pone huevos sin fecundar en las flores para que los renacuajos puedan alimentarse. Así, la mamá rana fabrica su propia comida. ¡Qué supermamá!

¡Mamá rana es superdeportista! Las plantas donde crecen sus crías están situadas en lo alto de los árboles, así que cada día debe hacer una gran escalada para llegar hasta sus hijos.

¿Puedes saltar como una rana (con un cojín u otra cosa en la espalda)?

Con un entusiasmo inigualable y una energía sin fin, salto por la jungla de mi vida despreocupada. Preparada para saltar sobre cualquier obstáculo. A cada nuevo salto siento mariposas en el estómago. Cada vez que mis piececitos tocan el suelo me siento más fuerte que nunca.

El mundo se convierte en un parque infantil donde los obstáculos son una razón para saltar. Y donde cada salto es una aventura mágica. Porque la vida es una sucesión de saltos pequeños, grandes, bonitos y emocionantes.

GESTACIÓN: **40 días** ❧ PESO: **± 85 gramos** ❧ LONGITUD: **± 12 cm**

el cálao

Mamá cálao construye sola el nido en el hueco de un árbol. Lo sella con una especie de pasta hecha de barro y excrementos.

Los excrementos de la madre (y luego los de los polluelos) se utilizan para tapar cualquier posible agujero del nido.

Durante todo ese tiempo (unos cuarenta días), la madre se queda dentro del nido con sus polluelos, hasta que ya no necesitan tanta ayuda. Así protege a los pequeños de depredadores como serpientes y águilas.

Mientras la madre cálao cuida con cariño los huevos dentro del nido, recibe comida del padre, que se la entrega a través de una pequeña apertura.

Al cabo de entre setenta y noventa días después de nacer, el pequeño ya es lo bastante mayor para valerse por sí mismo. Sale del nido para explorar el mundo por su cuenta.

A los cálaos bebé también se les llama *polluelos*.

La madre cálao experimenta una gran metamorfosis mientras está dentro del nido. Cambia las plumas viejas por un plumaje completamente nuevo. Cuando las nuevas plumas han crecido del todo y los polluelos ya no necesitan ayuda cada día, sale del nido. Entonces, los polluelos vuelven a sellar el nido con excrementos.

El polluelo nace sin plumas y aún no puede ver ni oír. Por eso necesita mucha ayuda de mamá.

¿Puedes inventarte tu propia canción?

Tus canciones me hacen dormir. Tu voz suave me lleva de viaje sobre las nubes de mi imaginación, hacia los sueños más bonitos. Tus besos me ofrecen una manta de calidez y, mientras mis ojos se van cerrando suavemente, oigo cómo el viento susurra en la distancia:

—Que duermas bien. Te quiero.

Ser valiente no solo significa serlo frente a cosas
grandes, como un caballero o un superhéroe.
La valentía también aparece cuando menos te lo
esperas, como cuando el corazón late más rápido
al comenzar una nueva aventura. Ser valiente
también es escucharse y defenderse a uno mismo.
Deja que se oiga tu rugido excepcional.
Este es el mío: ¡GRGRGRGR!

el león

Un cachorro suele tener, de media, dos o tres hermanos o hermanas.

Durante las primeras seis semanas después de dar a luz, mamá leona esconde a sus cachorros entre los arbustos. ¡Incluso los oculta de otros leones! Luego regresa con su manada y presenta a los cachorros al resto de la familia.

Cachorro de león ante su mamá.

Los cachorros de león se desarrollan muy rápido y empiezan a andar entre los diez y los quince días de vida.

Los leones recién nacidos están cubiertos de manchas. Su pelaje color arena tiene puntos marrones oscuros que camuflan a los cachorros y los protegen de los depredadores.

Cuando los cachorros tienen dos años, su madre ya les ha enseñado los trucos de caza más importantes. Los machos dejan el grupo; las hembras se quedan con mamá.

Las leonas crían juntas a los cachorros. Los pequeños también pueden mamar de cualquier hembra que tenga leche.

Los leoncitos nacen con los ojos cerrados. No los abren hasta que han transcurrido entre tres y once días. A los pocos meses, el color de sus ojos cambia, ¡igual que en los bebés humanos!

¿Cómo de fuerte puedes rugir?

¡grgrgrgrgrgrgr!

Del mismo modo que en los humanos, los cachorros de león nacen sin dientes. También tienen que perder sus dientes de leche antes de tener dientes de adulto.

A veces tengo miedo de perderme, miedo de los fantasmas que aparecen en la oscuridad. Pero sé que siempre nadarás conmigo, a donde sea que fluya el río. Para consolarme, para animarme, para escuchar mis historias.

Tú sabes mejor que nadie lo que necesito, querida mamá. Me encanta la sensación que me das.

el cocodrilo

El bebé cocodrilo hace ruidos dentro del huevo; así llama a su mamá cuando está a punto de salir. La madre cocodrilo lo ayuda rompiendo el huevo con la boca. Luego, transporta a los bebés al agua también con la boca.

Su mamá siempre está atenta, cerca del agua.

Las crías de cocodrilo están seguras dentro de la boca de su madre, lejos de los depredadores que querrían probar una. Porque ¿a quién se le ocurriría buscar dentro de la boca de un cocodrilo...?

Cuando son un poco más mayores, los pequeños pueden moverse por el agua sobre el lomo o la cabeza de mamá.

En algunas especies, mamá cocodrilo hace una pila de hojas y ramas cerca de la orilla del río para esconder los huevos. ¡Astuta! Así puede mantenerlos calientes sin necesidad de incubarlos ella misma.

¡Las crías nacen de huevos! La madre cocodrilo pone entre treinta y cinco y sesenta huevos cada vez.

¡Craaaaaac!

La temperatura que rodea los huevos determina el sexo que tendrá el bebé cocodrilo.

¿Cuál es el rincón más acogedor de tu casa?

GESTACIÓN: **33-35 días** ❀ PESO: **menos de un gramo** ❀ LONGITUD: **2 cm**

Después de aproximadamente un año, el koala bebé ya es lo suficientemente grande para mantenerse de pie por sí solo. Sentado en la espalda de su mamá, ha aprendido cómo sobrevivir en plena naturaleza.

Cría de koala sobre su mamá.

el koala

A los koalas les gusta mucho el eucalipto. Pero tiene una desventaja: la planta es muy venenosa. Papá y mamá koalas pueden digerir bien la planta gracias a una sustancia especial en sus cuerpos, pero el koala bebé aún no. El pequeño come poco a poco las heces de la madre para adquirir también esa sustancia; así que, al cabo de un tiempo, el eucalipto ya no es tóxico para él.

A los koalas bebé les encanta jugar a esconderse. Cuando nacen, son muy pequeños. Todavía tienen los ojos cerrados, no pueden oír nada y no tienen pelo.

La cría de koala nace en lo alto de los árboles. En ese momento, es tan diminuto que queda atrapado, de alguna manera, en el pelaje de su madre.

El koala recién nacido se arrastra solo hasta la bolsa segura de su mamá. Allí recibe la leche materna y así puede crecer bien.

El pequeño koala se queda en la bolsa segura durante los siguientes seis meses, hasta convertirse en el animal peludo y esponjoso que todos conocemos. Entonces ya está preparado para descubrir el mundo por sí solo. Aun así, el koalalita se mantiene cerca de los brazos protectores de mamá ¡pero ya se atreve a aventurarse un poco más lejos!

¿Cuánto duró tu último abrazo?

En tu abrazo suave y cálido me siento seguro
y amado. Mientras nos acercamos cada vez
más, el mundo que nos rodea se desvanece hasta
convertirse en algo pequeño e insignificante.
Me acurruco aún un poco más cerca de ti y escucho
el suave ritmo de tu corazón y tu respiración.

Siento el amor, tranquilo y reconfortante,
fluyendo de un corazón a otro.
Cuando tengo el corazón lleno, te dejo ir.

Quiero jugar contigo todo el día, dulce mamá.
Reiremos y reiremos juntos mientras
intentas atraparme.

Inventamos las aventuras más alocadas
y jugamos a mil juegos. Me cuentas historias
de mundos lejanos, de animales fantásticos
y criaturas extrañas, que escucho
con mucha curiosidad.

el Zorro

Igual que tú, los zorros bebé
quieren mucho a su mamá.
Para asegurarse de que les haga
caso, emiten un sonido llorón.
¿Quizás te suena un poco...?

Auuuuuuuuuuuuu

A las pocas semanas, los cachorros
ya tienen una vista muy aguda,
oyen perfectamente y tienen un
gran sentido del olfato.
Usan ese buen olfato para
comunicarse entre ellos, encontrar
comida y detectar amenazas.

Pasados tres meses, los
zorros bebé empiezan a cazar
pequeños animales e insectos
como mariposas y roedores.

Las crías recién nacidas no pueden
ver ni oír todavía. Por eso permanecen seguras en la
madriguera durante un tiempo, junto con su mamá.
Ella protege y calienta a sus cachorros con mucho
cuidado. Mientras la madre se queda con los pequeños,
papá zorro sale a cazar para traerles comida.

A los zorros bebé también se les llama zorreznos.

Cuando los zorros jóvenes
juegan y pelean entre ellos,
se les puede oír enseguida,
porque emiten un sonido muy
especial, como una risa.
Lo hacen porque están
nerviosos o emocionados.

A mamá zorro también le gusta
jugar un poco. A través del juego,
los cachorros aprenden cosas
importantes, como cazar, trabajar
en equipo y comunicarse.

Los zorros bebé son muy juguetones.
No pueden estar quietos y juegan todo el día.
Estos animalitos tienen una gran cantidad
de energía y son muy curiosos. Cuando no
comen ni duermen, juegan sin parar.
¿Sus juegos favoritos?
Mover la cola y morderse las orejas.

*¿Cuál es tu juego favorito
para jugar juntos?*

¿Sabes qué, mamá?
Estoy loco por ti.

Entre las nutrias marinas, los pequeños nacen en el agua, mientras que entre las de agua dulce, como las nutrias de río, los bebés nacen en un agujero acogedor en tierra firme.

la nutria marina

A veces, las nutrias se dan la mano mientras duermen en el agua. Esto evita que se separen cuando están durmiendo.

Cuando mamá nutria se sumerge para buscar comida, hace que el pelaje de su bebé sea especialmente esponjoso. Así, el pequeño puede mantenerse a flote durante varios minutos sin la ayuda de la madre. También asegura a su bebé con algas y otras cosas que encuentra en el río, para que el pequeño no pueda alejarse.

Cachorro de nutria asegurado por algas.

Mamá nutria enseña a sus pequeños a limpiarse el pelaje después de comer, para asegurarse de que no queden restos. Esto es necesario para mantener el pelaje impermeable.

Como los cachorros de nutria aún no pueden nadar ni sumergirse, mamá y el bebé se abrazan casi continuamente durante los primeros tres a seis meses. ¡Un tiempo lleno de ternura entre madre e hijo!

Al nacer, los bebés de nutria marina ya tienen, en comparación con las nutrias de agua dulce, un pelaje esponjoso. Ya ven muy bien y tienen unos cuantos dientes pequeños. Aún no pueden nadar ni sumergirse, pero gracias a su pelaje esponjoso pueden flotar durante unos minutos.

¿Hasta dónde puedes caminar mientras das un abrazo? No te sueltes, ¿entendido?